기차는 정시에
떠나지 않는다

The train
doesn't leave on time

김종근 시집

기차는 정시에 떠나지 않는다

좋은땅

서문

 자연인(自然人) 김종근이 정교(精巧)한 세무회계(稅務會計) 일을 하며 글을 쓰고 썼도다. 쓴 글은 내남없이 언제나 누구에겐가 속삭이듯 그걸 보여 주고 싶다. 그건 어쩌면 그가 자기 삶 길의 뻔하고 뻔할 수 있는 길가에 독특한 제 겪음의 귀한 빛을 칠하는 일이다. 시는…, 뻔하다고 믿는 우리들 삶 길에 뚜렷하게 뻔하지만은 않다고 믿는 말길을 놓는 일일 터!
 누구는 시인(詩人)을 아주 엄청난 역사(歷史)의 증인(證人)으로 믿는가 하면 어떤 이는 그를 두려운 이로 여기기도 할 테다.
 그건 각자의 몫일 뿐 시인은 묵묵히 글 써 잘잘못 따지기도 하고 또 즐거우며 기쁜 일들을 기리기도 하느니…!
 우중충한 요즘 정치(政治)날씨에 아마 김종근은 시들로 푸진 씨근댐의 함성(喊聲) 터뜨려 올릴 테로다!

2025년 3월 5일
문학평론가 정현기 기림

목차

서문 5

1부
꽃을 피우게 하는 것은
모두 아름다운 것이다
———

선물	12
가을	13
너는 너를	16
강물에 풀면	18
거울	19
꽃을 피우게 하는 것은 모두 아름다운 것이다	21
세월이 가도	22
나의 시 나의 노래	25
넋두리	27
궁금증 유발	30
선하게 평온하게	31
첫눈	33
출렁임의 노래	35

꽃	37
비	39

2부
꽃잎에 머물지 않는 바람처럼

———

봄	42
심리가 표정을 좌우한다	43
오 남매	46
곡선 직선 세모	48
술집에 쓰인 낙서	50
구두	52
들판의 작은 꽃인들 어떠랴	53
기억	55
삼달리 해녀	57
운수 좋은 날	60
미리 죽는 법	61
개의 본성	62
진관사에서	64
꽃잎에 머물지 않는 바람처럼	66
철학살이 마당에 서서	67

3부
사랑을 하고
나는 그리움을 버린다

벚꽃	70
영화 자막	71
해방구	72
돌멩이의 행운	73
혼자	74
빵	76
버스 운전사	79
강아지	81
사이	83
종점	85
달콤한 고독	87
이별	89
구석에 몰린 쥐	91
똥	92
헛꿈	93

4부

기차는 정시에
떠나지 않는다

―

선운사 꽃무릇	96
뜬금없이 미안하다고 말할 때	98
그 겨울	99
항문삽석담(肛門揷石談)	100
즐거운 술자리	102
운무(雲霧)	103
아마도	104
폭설	105
참새와 가야금	106
내 고향은	108
갈매기	110
기차는 정시에 떠나지 않는다	112
속초에서	114
짜장면	116
은평구립도서관	118

5부
바다는 강물을 찾아 육지에 오르지 않는다

황혼　　　　　　　　　　　　　　　122

꽃샘추위　　　　　　　　　　　　　123

한라산　　　　　　　　　　　　　　124

구멍　　　　　　　　　　　　　　　125

나의 뿌리　　　　　　　　　　　　　127

사람꽃　　　　　　　　　　　　　　128

바이러스　　　　　　　　　　　　　130

태양의 그림자　　　　　　　　　　　131

그림책　　　　　　　　　　　　　　133

목구멍이 악마다　　　　　　　　　　135

굿바이 고래　　　　　　　　　　　　137

헛소리　　　　　　　　　　　　　　139

바다는 강물을 찾아 육지에 오르지 않는다　142

사막　　　　　　　　　　　　　　　144

선물 2　　　　　　　　　　　　　　146

해설 : 순수 원형의 마음으로
가닿는 속 깊은 서정 — 김종근의 시세계　　148

1부

꽃을 피우게 하는 것은
모두 아름다운 것이다

선물

웃다보니

결혼했다

천국인지

지옥인지

몇겹상자

가을

비단잉어 같은 가을이
설악산을 넘어 북한산을 넘어
한라산 꼭대기에서 바다로 헤엄치며 내려오고 있습니다

금붕어 같은 가을은
선운사 도솔천에 흐르고 가라앉고
나무초리에도 몇 마리 남아 꼬리를 흔들고 있습니다

가을을 보내고 겨울을 보내야 봄이 옵니까
아니요, 봄은 영영 오지 않습니다, 누가 대답했다
아니죠, 겨울을 보내지 않아도 봄이 옵니다, 또 누가 말했다
나는 고개를 끄덕이며 도솔천의 금붕어 같은 낙엽을 바라보았다

목련의 우듬지는
구십 엄마의 몸처럼 앙상합니다 엄마에게도
가을이 왔습니다 비단옷을 입고 있습니다

손녀는 목련 꽃봉오리 같습니다

손녀도 할머니가 됩니까
아니요,
예,
동시에 누군가 대답했다

앙상한 우듬지에도 뜨거운 피가 흐릅니다

엄마의 혈관을 타고 눈이 내려도 엄마는 울지
않았어 어떤 울음은 배우지 않았어 잊었어
엄마의 피가 손녀가 되었어

금붕어가 머리 위로 내립니다
도로에서 헤엄치고 있습니다
손녀는 금붕어 한 마리 잡아
엄마의 비단옷에 풀어줍니다

엄마의 가을이 예쁩니다
목화송이 같은 눈이 내리면 좋겠습니다

너는 너를

어처구니없이 태양의 뿔에 받혀 너는 튕겨 나갔다
태양은 한 줌 햇살도 던져주지 않아 너의 방은 며칠 동안 밤이었다

그러나 밥을 안쳤다 김치찌개를 끓였다 소주를 마셨다 아우슈비츠를 생각하면서
오늘도 밥을 안쳤다 삼겹살을 구워서 소주를 마셨다 스토아 철학자들을 불러서
그 집에 사람이 살고 있대요? 이웃이 웅성거렸다
너는 죽었어도 살아있었다 잡초밭 같은 수염을 깎았다
오늘은 식당에서 친구와 제육볶음에 소주를 마셨다
많이 마시진 않았다

너는 지금까지 살아온 것도 행운이라고 생각하기로 한다

아버지도 그랬을 거야 친구도 그랬을 거야
선생님도 고흐도 김수영도 그해는 그랬을 거야

이제 태양을 기다리지 않기로 해
구름 낀 하늘이 더 시원해
그늘이 시원해
그림자가 시원해
목마른 자의 물이 더 시원해

화분 꽃보다 들꽃을 더 사랑해

너는 너를 사랑해

강물에 풀면

한 사람
일생을 강물에 풀면
그리움 하나 뜬답니다

한 사람
일생을 강물에 풀면
원망 하나 뜬답니다

해가 하나인 것과 같이
그리움도 하나랍니다

달이 하나인 것과 같이
원망도 하나랍니다

우리는 누군가에게
원망 대신 그리움으로 떴으면 좋겠습니다
생긋 웃는 그리움으로 떴으면 좋겠습니다

거울

거울 속의 내가
거울 밖의 나를 본다

거울 속의 나는
거울 속의 나를 꾸밀 줄 모르지만

거울 밖의 나는
거울 밖의 나를 화장하기 바쁘다

거울 밖의 화장한 나는
거울 속의 나를 보고 웃는다

거울 속의 나는
거울 밖의 웃는 내가 싫어진다

거울 속의 나는
거울 밖의 내가 화장하는 이유를 알 듯 말 듯 하여

거울 속의 나는
거울 밖의 내가 안쓰러워 안아주고 싶을 때가 있다

꽃을 피우게 하는 것은
모두 아름다운 것이다

더러운 곳에서 자라
더러움에 물들지 않는 연꽃이라고
누가 노래했는지 모른다

더러움에
물들지 않는 연꽃이란 말은 맞지만
더러움을 몰라서 하는 말이지

꽃을 피우게 하는 것은 모두
아름다운 것이다

우리도 누군가에게 꽃
한 송이라도 피우게 하는
그런 사람이면 좋겠다

세월이 가도

골목에 찌그러진 냄비를 보았다
그것은 불화
옥상에 핀 꽃을 너는 보았다
네 눈에 꽃이 보이는 너는 축복이다
새가 안테나 위에 앉는다

한 번의 선택이 너의 오늘을 규정한다
또 다른 선택이 택배 상자처럼 문 밖에
놓여 있으니 우는 건 성급하다
냄비를 바꾸는 사람을 나는 많이 보았다
하늘이 검게 녹아내리는 것도 나는 보았다

그해 어리석은 별을 보았다
스러지는 별빛을 나도 보았다
긍지가 무너지고 붉은 얼굴로 떨어지는 유성
떨어진 유성에도 꽃이 필까? 몇몇은 궁금해했고
모두는 자기 일로 바빴다
누군가 쓰러진 산맥을 세우는 것도 나는 보았다

주말 편의점 앞 파라솔에서
중년의 사내 셋이 맥주와 맛동산을 먹으며
조선 후기 저잣거리 주막집에서처럼

그곳을 향해 비판한다 비판은
우리의 힘, 맛난 안주, 자식 걱정 집 걱정
은퇴 걱정 웃는다 얼굴을 비빈다 노래 부른다
나라 걱정 새들도 잠자는 시간에 충성,

장담하지 않아도
그때나 지금이나 풍경만 바뀌고
분위기는 바뀌지 않았다

엄마가 바뀌고 아이가 바뀌고
골목이 없어지고 강아지가 바뀌어도
불화와 걱정과 웃음과 사태와 수습과 세태와

술 먹는 분위기는 같다 세월이 가도

풍경만 바뀐다

나의 시 나의 노래

내 가슴을 쳐대는 파도는
누구의 이름입니까

내 꿈을 깨우는 햇살은
누구의 미소입니까

내 걸음을 붙잡는 꽃잎은
누구의 손짓입니까

내 눈을 멀게 한 안개는
누구의 그리움입니까

너의 이름과
너의 미소와
너의 손짓과
너에 대한 그리움은

나의 시가 되었습니다.

살며 영영 부를
나의 노래가 되었습니다

넋두리

시가 한여름 마당에 던져진 미꾸라지처럼 바짝 말라버렸다
본디 시다운 시를 쓴 적이 없어 시가 몰골사납게 말랐다고 할 수 없지만
그래도 쓰면 다 시라는 말에 의하면 시를 쓴 적은 있는데
그 시 같지 않은 시도 이젠 도망치는 쥐처럼 골방에 처박혀 나오질 않으니
어디 괴상한 연애나 하면 나올까, 어디 질퍽한 눈물을 맛봐야 나올까

하긴 내가 쓰고 읽어도 공중화장실 낙서 수준이니
어디 누구에게
냄새나는 끼적거림을 보여줄 수도 없고
할머니 속주머니에서 이상하게 마르지 않고 나오는 사탕처럼
필요할 때 언제든 모가지를 잡고 끄집어낼 수도 없는 노릇이니
여름날 겨울옷처럼 답답하다

돈 버는 일도 젬병이요, 게으른 거지처럼 딱 굶어 죽기
십상인데
바닥 모를 경쟁 무한 시대에 어디 사랑이 나를 찾아 괴
상한 연애는커녕
술이나 한잔 나누겠는가, 그런 사랑이 있다면
그 사랑은 보통내기가 아닐 터
어찌 내가 온전하게 생채기 없이 감당할 수 있겠는가

그래도 그 사랑이 왔다 치고
곧 닥칠 강한 절망을 미리 한 줄 뽑아 목에 칭칭 감고
가만히 골방에 처박힌 시를 부르면
다소곳이 내 말을 듣고 손들고 순순히 나오겠는가

이렇게 구시렁구시렁
귀신이나 부르는 넋두리를 하곤 했는데

나무가 되어보지 못하고
사과도 달팽이도 되어보지 못하고

바람의 소리에 귀 기울이지도 못하면서
지렁이와 한 시간도 놀아주지 못하면서

궁금증 유발

모기도 살겠다고
내 몸을 탐색하다가
내 그곳을
하필 그곳을 물어

아, 나는 술 취한 알몸이었다

내 그곳이라면 내 그곳을 생각하겠지만
알몸이라 했으니 그럴 수도 있겠지만
하필이라 했으니 그럴 만도 하겠지만

아니,
내 그곳은 바로 거시기다

선하게 평온하게

쥐가 반가워할 만한 누추한 집에 사는 이 사내가
몇 가지 선한 마음으로 거대한 나무 같은 행복을 느끼는 것이
오백 층 아파트 천 평의 집에 사는 저 사내의 거대한 나무 같은 행복과 같다면
이 사내에게는
이 집이나 저 집이나 매한가지구나 하는 분별의 생각거리도 안 드는 것이고
저 사내 또한 같은 생각을 발산할 것이다 그러나

저 사내의 오백 층의 아파트가 언제 바람에 쓰러질까, 하는 저 사내의 걱정이
폭풍 전야처럼 매일 음습하고 몹시도 흔들거려 한 가지 어두운 마음으로
지푸라기만 한 행복도 느끼지 못한다면 그리고 이 사내가 쥐로부터 이 사실을 들었다면 다만 안타까워할 뿐 어찌하지 못하고
저 사내 또한 어찌하지 못하고 작아질 뿐인데

하늘에 사는 분은 다만 바라볼 뿐이다

표정은 매우 선하게 평온하게

첫눈

기다림은 끝이 아니어서 좋습니다
내일 올 사람이라면 기다리지 않았습니다

아직 가을이 다 지나가지 않은
언덕 오동나무에 기대 마을 어귀를 바라봅니다
그해 여름 우리도 너무나 뜨거웠습니다

기다림은 그리움의 하늘에 눈물방울같이 맺힌
별빛, 나에게 다시 첫눈이 오면 별빛도
끝이겠지만 아직 첫눈은 오지 않고 별빛은
첫눈이 오기까지 차가운 하늘을 붙잡고 있을 겁니다 첫
눈이

오면 첫눈을 오직 사랑하겠습니다
첫눈이 내린 들판은 함부로 뛰지 않겠습니다 눈이
쌓여 휘어진 대나무 숲길도 손을 잡고 걷겠습니다 그러나

첫눈은 아직 오지 않습니다 첫눈이 오지 않는 겨울이

이렇게 길어질 줄은 꿈에도 몰랐지만 어젯밤에도
우리의 서툰 추억이 폭설처럼 내려 잠을 자지
못했습니다

끝을 모르는 기다림으로
오랜 나의 가을과 겨울은 바보였습니다

바보는 아팠습니다
아파서 바보였습니다

검게 칠해진 이 마른 겨울에
새봄을 향해 고개를 돌립니다 그리움을
창밖으로 던집니다 기다림이 깨집니다

산산조각 난 기다림 조각마다
햇빛이 반짝입니다 내가 서 있는 이곳에

푸른 햇빛이 출렁입니다

출렁임의 노래

출렁이는 것은 파도만이 아니다

구름은 출렁이며 비를 내리고 강물은 출렁이며 바다로 간다
나비는 출렁이며 짝을 찾고 아가씨는 출렁이며 춤을 춘다
엄마는 출렁이며 젖을 먹인다 아기는 출렁이며 자란다
바람은 출렁이며 씨를 뿌리고
씨는 출렁이며 싹을 틔운다 싹은 출렁이며 꽃을 피운다

철학은 마음이 하도 출렁여서 그 출렁임을 눌러주기 위해 쓰인다
역사도 출렁이며 쓰인다 출렁이다가 축포가 터져 쓰이고
참다못해 출렁이다 쓰이고 출렁임 자체가 역사로 쓰인다

너를 보면 나는 출렁인다
사랑도 출렁이며 사랑을 한다
출렁이지 않는다고 사랑이 아닌 것은 아니다
세월이 상냥한 선생이다

헤어짐은 출렁임의 끝이니 잊어야 한다

우리는 출렁인다 그때 출렁여서 웃고
그때 출렁여서 운다 그때 출렁이지 않아서 웃고
그때 출렁이지 않아서 운다

피라미는 출렁이며 잠을 자고 독수리는
출렁이며 먹이를 찾는다
화살은 출렁이면서 과녁에 박힌다

출렁이면서
옹이가 박힌 소나무
우리 집 기둥으로 서 있다

꽃

꽃이 핀다
꽃이 진다

스스로 피고
스스로 진다

스스로 핀 꽃이
돌풍에 질 때

돌연히 진 꽃이
슬프고

살아남은 꽃이
슬프다

기억되지 않는 꽃이
슬프다

기억을
방해하는 사람이
나를 아프게 한다

비

소낙세월비
장대세월비

세월아 세월아
어찌 이런 세월아

사람아 사람아
우울비 그만 맞고
잠비
떡비
술비도 맞아보세

내가 너 되고
네가 나 되고
여기저기 저기여기 두둥실
이 동네 저 동네 어화 두둥실
어깨동무비도 맞아보세

2부

꽃잎에
머물지 않는 바람처럼

봄

초록이
떼 지어 온다

산에서
들에서
강가에서

초록이
떼 지어 몰려온다

가슴속으로

심리가 표정을 좌우한다

정월 휘영청한 달밤 지신밟기
열아홉 새댁이 소고를 치며 나비처럼 토끼처럼 춤을 춘다
훨훨 폴짝 빙글빙글 덩실덩실
시댁 어른의 눈총에 아랑곳하지 않는 거침없는 흥이다

아버지는 동네 불화 해결사, 경조사의 조율사
비탈진 산중 갈퀴나무를 긁으며, 논밭의 잡초에 눈을 흘기며
홀로 부르는 아리랑은 엄니의 화병을 잠시 누그러뜨렸을 뿐

심리가 표정을 좌우한다
심리가 사진에 찍힌다

언제 마련했는지 모를 일이다
근동의 소문 미인이었던 엄니의 모습이
장롱 안 액자사진 속에서 낯설다

아버지를 태운 꽃상여는 21세기, 동네 사람들의 배웅을 받았다
그 후 엄니는 은행과 관공서에서 아버지의 부재를 아쉬워했는데
추석 윷놀이판에서 엄니의 연승은 자식들의 기쁨이었다

엄마들의 젖 맛은 세상 누구도 기억하지 못한다

―맛나구나
엄니의 토란국과 견줄 만한 나의 토란국은 입의 기억 때문이다

비가 온다
처마에서 세월이
뚝
뚝
뚝
떨어진다

나는 엄니의 심리를
새로 찍는다

오 남매

새 꽃신 사서 새댁이

저   수   지

이 기슭에 놓고 앉아

오직 한 가지 생각

하나로

무심한 물결을 바라보다가

저

기슭 낚시하는 누군가

'섬집아기' 노랫소리에

어린 딸 홀로 집에

얼굴이 눈에 어려

일념을 그곳에 두고 돌아온

아흔 울 엄마

곡선 직선 세모

사막은 곡선이다
머리끝에서 발끝까지 아가씨도 곡선이다
바다는 직선이다

곡선은
세월과 곡절을 거쳐 직선이 되더라도
마음만은 곡선이다, 라고 생각하고

할머니는 여전히
마음만은 아가씨다, 라고 생각하고

그것을, 너는 아는가

산은 세모다
아버지도 세모다

호수에 빠진 산은
역삼각으로 버틴다

등이 굽어
산맥이 된 산을
저 산맥의 곡절을

또한 너는 아는가

술집에 쓰인 낙서

예술은 상상의 자식

과학은 상상의 자식

기술도 혁신도 상상의 자식이다

상상하지 않으면
흥분의 꽃이 피지 않는다

—

사랑은
상상이 아닙니다
사랑은 지금 여기입니다

—

사랑의 시작은 상상입니다 그러나 음욕은

나무도 묘지도 올라타는 칡넝쿨 같은 습성이고
음란은 계획적이고 즉흥적인 파괴자의 연주입니다

―

막걸리 맛난 이곳 주인장 안녕!
― 2064년 11월 25일 김 디오니소스 다녀감

구두

똥 밟은 날은

집 앞에 강 하나 들여

서운과 울분을 씻어라, 아가야

구두에 묻은 구더기 들어올라, 아가야

들판의 작은 꽃인들 어떠랴

숨을 쉴 때마다
불안의 안개가 몸에 스며들고 있다
정확히 말하면
당신이 불안을 찾아 들이마시고 있다

불안의 구름
당신은 그 위에 서 있다

불안의 뺨을 때리고
불안의 정강이를 차고

뛰어내려라

여기서 뛰어내리지 않으면
무덤 속에서
어느 내일에
당신을 위해 뜨는 태양을 보지 못할 터

들판의 작은 꽃인들 어떠랴
작은 것들이 어울려 꽃판을 이루나니

기억

봉숭아꽃 사이에
새끼 새의 깃털이 걸려있다

봉숭아꽃은 빨갛다
깃털은 하얗다 새끼손톱만 한
깃털이 꽃잎 사이로 들어가고 있다

밥을 흘리지 않겠습니다
사랑을 흘리고 다니지 않겠습니다
발자국을 지우지 않고 내가
걸어 다닌 골목을 온전히 접을 수 있을까요

냄비가 국물을 흘리고 있습니다 건망증은
가끔 가지고 노는 장난감입니다
불을 끄고 국물을 닦습니다

어머니는
한 번도 죄가 없습니다

저를 닦지 마세요

꽃이
깃털을 먹고 있습니다
새가 사라지고 있습니다
하늘은 노랗습니다

어머니가 슬그머니 엄마를
안개처럼 지우고 있습니다

갓난아이는 기억이 없습니다

시계는 너무 커서 가둘 수 없습니다

노트북은 종료 중입니다

봉숭아꽃은 예쁩니다

삼달리 해녀

제주도 삼달리에는 해녀가 산다
아버지보다 더 주는 바다를
아버지보다 더 사랑하고
아버지보다 바다를 더 아버지라 여기는
현 할머니 상군해녀가 산다

바닷속 여기저기는
개똥이라 불리는 아이처럼 이름을 가졌는데
당신은 30대 채 해녀와 기억의 촉수를 접속하여
당신의 87년 물질 생애를 전송한다 그러나
완전한 전송은 불가하다

여기는 소라가 저기는 전복이 요기는
미역이 많단다 전복도 암수가 있단다
해녀의 물질은 낭만은 멀고 고달픔은 가까워
옹골지기는 하지
마녀를 조심해 발목을 조심해
들물여는 아무나 들어갈 수 없단다

아흔이 넘은 바다의 딸 해녀는
마지막 물질을 끝내고 어느 날,
바위 층계 층계에 소라와 전복이 주렁주렁 열리던,
산호초 빨간 물꽃이 줄줄이 출렁이던,
물이 들어오는 바윗길, 물길 깊고 센 들물여에 와서,
뱃고물에 앉아

—물꽃이 보이더냐

—없어요,
 바위가 하얘요

—물꽃이 졌구나
 소라와 전복도 집을 빼앗기는구나

물꽃의 전설*은
불편한 전설의 복원을 희망하는 희망의 고발일 터

은빛으로 출렁이는 삼달리 앞바다
배 한 척, 달빛을 건져 올리고 있다

* 고희영 감독의 다큐멘터리 영화

운수 좋은 날

명동은
매미 소리로 소란했다

명동은
미니스커트의 걸음들로 눈부셨다

자갈 가득 질통을 지고
일층 이층 삼층, 쉬고, 사층 오층
다리와 허리는 근육의 팽팽한 힘의 연대를 이루었다

젖은 반바지
걷어 올려 햇볕에 탄 허벅지
질통 멜빵 자국이 선명한 붉은 어깻죽지로
매미 소리 그늘 아래 질통에 기대어

일당을 생각하고
내일을 생각하고
덤으로 구경거리
그날은 운수 좋은 날이었다

미리 죽는 법

마음의 좌판에

아직 오지 않은 걱정을

거의 오지 않을 걱정을

호객하고

떼기로 사재기하여 쟁여놓고

좌판을 엉망진창 난장판으로

어쩌자고 만들어서

살려다가

죽기 전에 죽는다

개의 본성

왕은
개의 부리에 자물쇠를 채울 수 없어

개는
왕의 눈치를 보거나
이익을 좇아
스스로 부리에 자물쇠를 채우면 안 돼

개는
짖어야 해
짖는 것이 본성이야
늑대를 향하여

본성을 잃은 개는
강아지라고 불러도 돼
누워서
하얀 배때기를 보이며 아양을 떠는

울음이 있는 곳에서도
웃음이 있는 곳에서도

결코
눈을 감으면 안 돼

진관사에서

2023년 7월 9일 일요일 진관사에서
잘생긴 김창옥의 기부(寄附) 강의를 들었다

우연이었고
호박만 한 행운이었다

그의 율동은 흥의 파도를 만들고
그의 유머는 반전에서 반전으로 휘몰아쳐
강의실은 뜨겁게 빵빵하게 부풀어 올랐다

웃음 속에서도
눈물이 어리고,

창옥이의
유머로 피어나는

설움의 꽃
아픔의 꽃이

유머의 꽃잎들이

우리가
미처 알지 못했던
우리가 애써 외면했던

어떤 그 설움과
어떤 그 아픔의 창가에 뿌려져

눈물이 맺히고

카타르시스의 눈물이 흘렀을 것이다

꽃잎에 머물지 않는 바람처럼

바람은
꽃잎에 머물지 않는다

꽃잎 사이로 바람은
보리밭을 지나 숲으로

바다로

사라지는 것에
목숨 거는 건 아니다

꽃잎에 머물지 않는 바람처럼

철학살이 마당에 서서

비가 오면 그친다

비가 언제 그칠지 몰랐으나
비가 오는 동안 주저앉지 않았다

비가 그치고 무지개가 떴으나
곁에 오래 머물 거로 생각하지 않았다

비가 오면 견디고
무지개가 떠도 춤추지 않았다

천사든 마녀든
그저 스치는 나그네 보듯 하였다

철학살이 마당에 서서

3부

사랑을 하고
나는 그리움을 버린다

벚꽃

나를 좀 봐주세요
벚꽃이 말했다

와, 예쁘구나
그가 말했다

그사이,

봄이 지나가고

청춘도 간다

영화 자막

불을 끄고 누운 천정에
오늘의 나의 얼굴과
임종 전의 얼굴이 오버랩된다

따닥따닥 자판기 소리와 함께

오늘은 죄를 얼마나 구매했나요?
오늘은 타인에게 아픔을 팔았나요?
오늘은 즐거움을 얼마나 소비했나요?

영화 자막처럼 천정에 찍힌다

해방구

나의 담배 피우는 시간은 해방구네
피울 시간보다
피운 시간이 많아 끊어야지 하면서도

나의 술자리는 해방구네
대부분 철없는 희희덕으로

나는
시를 쓰네
몰입하네

시 쓰는 동안
몰입의 오르가즘 속에 나는 갇히네

진정한 해방구는 여기에 있네

돌멩이의 행운

언제쯤 물가로 갈까

길가의 돌멩이 오랜 꿈인데

어린아이 팔이 힘차다

혼자

혼자는 하나입니다
고요라고도 하죠

오래된 고독이라고 할까요
흔들리지 않는 침묵이라고 할까요

혼자는 하나입니다
우주라고도 하죠

위대한 고독을 릴케가 말하였나요
위대한 침묵을 예수가 행하였나요

혼자는 하나입니다
자유라고도 하죠

그대여
현미경을 들어요
이제 그대의 위대함을 찾아볼까요

울지 말아요, 그대

빵

발가락은 발에서 탈출하지 못하고
손가락은 손에서 탈출하지 못하고
혀는 입속에 갇히고 너는 애인의 몸에
갇히고 (머지않아 탈출하겠지만)
더 이상 보지 않을 책은 수레에 실려 유배를
떠나고
구름이 바다에서 탈출하자 해는 잠시 잠을 자고
나는 자고 싶을 때 자고
잠을 자는 나는 꿈속에 유폐된 몸

발은 다리에서 탈출하지 못하고
손은 팔에서 탈출하지 못하고 머리는
목에서 탈출하지 못하고 지혜는 자주 싱크홀에 빠지고
감옥을
빠져나온 사람은 다시 혼자가 되어서 심심함을 참지 못
하고
감옥이 저 붉은 벽돌 건물뿐이랴

새야, 너는 정녕 자유로운가? 너의 노래는
자기검열을 거치는가? 하늘엔 금지가 없는가? 너의 부
리는
재갈을 물고 있는가? 부리가 체면을 위한 가면은 아닐 터

오오 자고 싶을 때 자는 나는 돼지
유폐된 몸으로 꿈속에서 하늘을 나는 돼지
돼지를 태운 비행기가 이륙을 한다
이제 돼지는 안전벨트에 묶여 비행기에 유폐된 새

의미를 찾지 말자 아 허망함이여 선명한 이미지여 그리고
의미를 찾아볼까? 평론가처럼? 돌의 의미를 잡초의 의
미를
발가락의 의미와 손가락의 의미와 손의 의미와 발의 의
미를, 머리의 의미를
너의 의미는 무엇인가 의미 없는 사랑의 몸뚱이여 안개
여 물거품이여

빵이 부풀어 오른다 빵이
부풀어 올라 빵 냄새가 난다
빵 냄새가 좋은 건 노동의 의미 여럿이
둥근 식탁에서 빵을 먹는 액자 그림은 살아있다

아들아, 이것이 빵이냐
아버지, 이것은 제가 만든 빵입니다

버스 운전사

버스가 멈췄다 사고가 났다 나는 버스 운전사다 갑작스러움은 징조가 없다 징조 이전의 징조가 있다고 해도 알아채지 못한다 나는 절망을 시작하였고 불안과 비탄 같은 검은 것들이 버스에 올랐다

나는 내리고자 하는 것들의 하차를 막지 않았다 끝끝내 내리지 않는 하얀 것도 있었는데 나는 그것의 정체를 밝히지 않겠다 버스 주위로 검은 비가 내리고 있었다 더욱이 고장 난 헤드라이트로 인해 길과 사물은 보이지 않았다

주머니에 총이 있었고 머리가 아프고 어지러웠지만 나는 나뿐 아니라 누구에게도 총을 쏘지 않았다 겨누지도 않았다 깜깜한 세월은 더디고 여전히 나는 버스 운전사다 길가에 버려진 듯한 버스 옆을 지나는 사람들은 힐끔힐끔하였고 개미처럼 바삐 건물을 들락거렸다 모두 마네킹의 표정이었다

나는 너덜난 버스의 시동을 걸고 운전을 시작하였다 검은 것들은 버스에서 내려 바람의 어깨를 타고 사라졌다 검은 비가 그치고 헤드라이트에도 불이 들어왔다 나만 아는 그 하얀 것은 여전히 의자에 앉아 있다 나는 그것의 정체를 끝내 밝히지 않겠다 그것은 천천히 가도 된다고 내 어깨를 토닥였다 해가 구름을 밀쳐내고 있다

강아지

강아지 한 마리
강아지 두 마리

아가씨 한 명
아가씨 두 명

밥 두 그릇
밥 네 그릇

외로움을 비우고
사랑을 채우네

아저씨도 모여
할머니도 모여
모두 모두 모여
강아지도 모여

외로움을 비우고

사랑을 채워

고독을 비우고
웃음을 채워

사이

입술과 입술 사이는 살아있다

엄마와 아빠 사이, 개와 사과 사이, 사람과
돈 사이, 너와 나 사이, 모든 사이는 살아있다
꽃처럼 사자처럼 그림자처럼 모기처럼…

사람과 사람 사이에 불화는 밥이 아닌데 누군가는
며칠 전 먹은 불화를 습관처럼 차린다 전쟁은
밥도 먹지 말고 화장터로 가라

서울의 빌딩과 뉴욕의 빌딩 사이에는
사이가 없다 파리의 빌딩과 하나의 거미줄에 걸려있다

탄생과 죽음 사이에는 무지개가 있다
두 가지 색, 기쁨 아니면 슬픔,
분노와 질투는 슬픔이라고 하자
격려와 칭찬은 기쁨이라고 하자

아프리카와 우유니 사막과 한반도 사이에는 섬이 있다

고립은 무인도, 고독과
혼인하지 않은 한, 섬은
녹아내린다
녹아서 겨울산에 잠든다 그리고 여름산은

나무와 나무 사이에
나무가 거리를 두어 숲이 푸르다 푸르러

꽃 속에 꿀이 가득하여도
꽃잎 닫은 꽃에는 꿀벌이
오지 않는다

나의 빈틈 사이로
햇살처럼
사람이 온다

종점

사랑을 아직 다 몰라서 사랑하는 너는 사랑하다 죽어라
시를 아직 다 몰라서 시를 쓰는 너는 시를 쓰다 죽어라
오오, 축복이여

바다 위에 번개, 비가 내려도
물고기는 번개를 모르고 비를 모르고 물고기는
오로지 몸을 비틀고 풀며 온몸으로 간다

기차는 종점을 모르고 내가
내리는 이곳이 종점, 종점이 아닌 종점
종점 의자에는 낙엽이 있고
하얀 허무가 앉아있다 간판은 떨어져 있고 종점의 하늘은
노래를 부르지 않는다

종점에서 다시 출발이다

나무가 떠났다
새는 나무를 잃고 둥지를 잃고

어둠은 새를 모른다 어둠은
사라질 때를 안다 책에서 알았던
침략 영토를 넓힌 영웅들은 사라지지 않고,
사실 이런 영웅들은 개아들,
나는 모기밖에 죽이지 못한다

사는 것은 죽어가는 것이니 겸손하라고 한 점성가는 거
기 있는가 삶의
종점은 흙, 풍요의 흙 겸손의 흙 엄마의 흙 아, 무상이여
오, 포근함이여
죽음이 없으면 지구는 부푸는 풍선, 오오, 죽음의 탄생
이여 지혜여
오오, 또 다른 시작이여

사랑을 하고 나는 그리움을 버린다

시를 다 아는 사람은 시를 쓰지 않는다

달콤한 고독

고독할 줄 알아서
잘 익어가는 사람에게서는 향기가 난다

문을 열고
바나나 숲속에 나는 서서

숲에 향기는
최초의 사랑처럼
달콤하고 부드러웠다

바나나
익어가는 향기의 선율은
선비의 도포처럼 고요하여

작은 식탁 위에
며칠 전 바나나 한 송이

고독하게 사색하고

방 안 가득
바나나 향기 울창하였다

나의 집
바나나 숲

바나나
고독하게 익어가는

고독의
향기 가득한

달콤한
나의 집

이별

햇빛이면 좋겠어

니가 있는 곳 어디든
너를 비추는
햇빛이면 좋겠어 햇빛은

눈이 없어
너를 볼 수 없어
안심해

다만 햇빛으로
니가 따뜻하면 좋겠어

환하게
너의 어둠을 지우는

너의 길이 밝게
너의 가슴이 맑게

햇빛이면

좋

겠

어

울지 않았어

구석에 몰린 쥐

구석은 견고하다
구멍이 없는 구석은 견고하다

구석에 몰린 쥐가 있다
화를 내도
겁을 줘도
고양이의 표정은 변하지 않는다

쥐는 마지막 비법을 언제 내놓을까 생각한다
낮은 목소리로 견고한 목소리로

—그래, 어쩌라고, 어쩔 건데…

똥

고맙소 선생
남들은 더럽다고 피하지만
고맙소 선생

나의 피와 살이 되시고,
미련 없이 떠나시는 선생
고맙소 선생

헛꿈

가을 저녁
방충망에 가로막힌 잠자리가
셀 수 없는 날갯짓으로 방 안
진입을 시도하다가 날개가 찢어졌다

저놈의 불빛 때문에
저놈의 헛꿈 때문에

4부

기차는
정시에 떠나지 않는다

선운사 꽃무릇

선운사
꽃무릇 핏빛 사연은

잎과 꽃이

서로
만나지 못해 애탄 까닭인가요

차라리
만나지 말기를
작정한 까닭인가요

만나지 못하는 무슨
말 못 할 까닭인가요

도솔암 미륵불이
입술을 비죽이네요

서너 치나 내밀고

그냥 보아라 하네요

그냥 피어라 하네요

뜬금없이 미안하다고 말할 때

뜬금없이
미안하다고 말할 때
왜냐고 묻지 말자

그 미안함은

오랫동안 심장에 묵혀
저절로 쏟아지는 회한이니

철 지나 피어
용서를 구하는 꽃이니

그리하여 이제
새롭게 시작하리란 다짐이니

이미
내가 알고 흘린 눈물이니

그 겨울

폭설이
푹푹 내려서
푹신한 설악산

버스는 아장아장 걸어서
어느새 도착한 서울은 새벽이었네

불 꺼진
여인숙 같은
그 버스 안

뜨겁던 그 가슴
그 입술은 아직 남아서

그 겨울 따스했지만
그 사람 아득한 별이 되었네

항문삽석담(肛門揷石談)

이것은 순전히
원주 태생 친구 병현이의 10대 초반의 이야기다

잠자리가 무수히 날던
돌멩이 천지인 시골길이었다
길허리를 베어 물고 물이 흐르는 언덕길을
엉덩이를 들썩이며 그는 자전거 페달을 밟았다

그의 허벅지는 어렸다

거꾸로 가는 것은 중심이 없다

중심이 없는 것은 분명히 넘어진다

뒷걸음치던 자전거는 물을 만나자 그의 엉덩이를 힘껏
내동댕이치고 마는데

―아, 하필이면 돌멩이가 똥구멍에 콱 박히는 거야, 눈

이 깜깜해지고

한동안,

숨도 쉬어지지 않는 거야

옛 비극과 현 희극이 섞이고 말았다 이에 부여 태생 병룡이는 '항문삽석담'이라는 제목을 지어주며 치질 수술한 친구에게 들려주라 하였는데 웃음을 참으면 가스압이 항문으로 이동하여 동병상련일 거라면서

즐거운 술자리

그가 술을 먹다가
노래를 부른다는 것은
그가 취했다는 것이다

정확히는
사랑도 명예도 이름도 남김없이…

종로에서 광화문에서 불광역에서

지나가던 아저씨들이 함께 불러줄 때는 어깨동무가 둥
글다

그 거리에서 잃어버린 나의 기억은 어디 있을까

깨어나서 외치는 뜨거운 함성…

그가 취한 것이다

운무(雲霧)

오메 클났네

북한산이 다 타버리겠네

금실금실 산허리 감돌아 오르는 연기

오메 클났네

진관사도 다 타버리겠네

아마도

술병이
탁자 위에 쌓일 때마다

마시자, 거짓들을
버리자, 껍데기들을

그리하여
사랑은 술병 속에서
아마도 이루어졌을 것이다

그리하여
혁명 모의도 술병 속에서
아마도 이루어졌을 것이다

폭설

결국
혁명이 일어나고 말았구나

오물투성이 세상을
한꺼번에 눈부시게
새 세상으로 만들고 말았구나

핏방울 하나 없이

참새와 가야금

검붉은 복분자주 가득한 술잔에
달 대신 가야금과 참새가 떠 있어
나는 엉뚱하게도 가야금과 참새를 마시고 마는데
몇 잔을 그렇게 마시고 나니
가야금 소리와 참새 소리가 들리는 듯하여

외롭거나 처량하거나 혹은

청중을
열두 가닥 줄에 올려놓고
가지고 노는 신들린 가야금 소리에
참새가 노련하게 화음을 맞추는 듯도 하고

회자(會者)는 정리(定離)하고
거자(去者)는 필반(必返)이라는데*
가버린 나의 호기(豪氣)는
언제 돌아올거나

한 잔 더 하면서
이윽고
술잔에 비친 참새와
가야금을 마저 마셔버리는데

벽에는 아직
가야금이 걸려있고
액자 속 참새는 나를 바라보는데

* 회자정리 거자필반 : 불교 경전 법화경에서

내 고향은

내 고향을 묻지 마오

살강 밑에
암탉이 알을 품고
저물녘에 냉갈 나는 초가가 나의 집이었소

수박과 청보리가 계절을 이고 지고
풍천장어와 복분자주가 입맛을 돋우는 곳
판소리가 모양성을 휘어 감는 곳

비결서의 전설을
아직도 침묵하는 선운사 도솔암 마애불
동학농민군의 깃발이 흩날리는 무장읍성

건강한 생태계 운곡 습지를 품고 고인돌의 어제와 내일이 있는 곳
바지락 망둥어 소란스러운 구시포와 동호해수욕장의 석양에 눈이 멀고

황토 들판에 해 뜨고 달 뜨는 곳

사람이 사는 곳
그리하여 사건 사고도 있는 곳

뒷동산에 눈비 내리는
님의 고향과 같은 곳이외다

갈매기

유람선 주위를 갈매기가 날고 있다

새우깡을 향한 갈매기의 눈은 거리를 잰다
날개는 각도를 잰다 그리고 선회할 지점과
하강과 상승과 전진의 때를 계산한다

가축화가 되었다면 거리와 각도를 잴 필요가 없다
갈매기는 자유를 선택했다

오늘날 우리의 자유를 위해 서둘러
기어이 별이 된 사람들을 기억한다
자유가 밥인 사람
사랑이 밥인 사람
평화가 밥인 사람
태초부터 밥은 목숨이었다

갈매기 날개의 잣대는 정확하다
바람을 타는 정밀한 곡선의 비행

나는 카페에 앉아 어떤 거리도 재지 않았다
커피가 식어가고 빵이 굳어가고
유명한 화가 석양은 명화를 하늘에 걸고 있다

갈매기 한 마리 유리문에 부딪혀 떨어진다
새가 떨어지는 것은 각도 없는 하락
카페 안 나무까지의 거리를 쟀으나
보이지 않는 벽은 고려하지 않았다

방심하면
자유와 사랑과 평화는 벽에 부딪힌다

기차는 정시에 떠나지 않는다

기차는

정시에 떠나지 않는다

사랑도 이별도

기차는

정시에 태우고 떠나지 않는다

세끼 밥은 챙겨야 하는데

죽음은 모두에게 평등한데

기차는

정시에 떠나지 않는다

멈춰야 할 역도 빈번히

지나치면서

속초에서

크레타섬에 가면
그리스인 조르바와 카잔차키스를 만날 수 있을까

오징어 집어등 불빛 먼 해변에서
친구와 소주를 마시며
조르바와 카잔차키스를 이야기한다
친구는 조 씨와 카 씨로 성을 바꾸고
우리는 술잔이 깨지게 부딪친다

비가 몰아치는 항구 카페에서의
조 씨와 두목의 만남에 대하여
조 씨의 연애와 술에 대하여
무너진 철탑과 케이블과 통나무에 대하여
수도승의 얼빠진 표정에 대하여

우리의 안주는
마음의 감옥에 갇힌 자유를 석방하는 것이며
비탄과 좌절의 어둠에서 해방하는 것이다

모든 것이 끝, 나고
모든 것을 잃어버린 순간의 해방감에 대하여
조르바와 두목의 호탕 웃음에 대하여
해변의 두 사람의 춤에 대하여
카잔차키스의 묘비명에 대하여

속초해변에서 우리는
자유인 조 씨와 카 씨를 만났다 그리고
그들이 나오는 영화 음악을 들으며
그들의 춤을 함께 추었다

여기가 크레타섬이다

파도를 넘어
희로애락을 넘어
자유가 팔딱팔딱 튀어 오른다

짜장면

읍내 남쪽 어귀에 우시장이 있었다
아버지가 데려간 우시장에서 아이의 기억은
오묘한 짜장면 맛과 황소의 젖은 눈망울이었다

흥정 소리로
읍내는 활기차다
팽팽한 흥정 속에서

소를 판 사람은
막걸리를 마시고
돼지고기 두 근 사서
흔들흔들 울퉁불퉁 버스를 탔고

팔지 못한 사람은
소 등을 토닥토닥
알 수 없는 근심을 끌며
해 지는 길을 타박타박 걸었다

아이는 이런 우시장 풍경을 기억하지 못하였다

언제나 보리밥과 어쩌다 쌀밥만 먹어본 아이에게 짜장면은
국물도 아닌 것이 국수도 아닌 것이 오묘하여 입맛을 되새기며 잠이 들었다

다음 해 아버지가
소를 파시고 막걸리를 드시고
덜컹대고 흔들대는 버스에서 소매치기당하신 날
아이는 학교에서 가갸거겨를 배웠고
어른들 세상은 어른들 세상
지난 일은 지난 일
그리하여 걱정하지 않았다

듣기로는
우시장도 제값을 받고 팔려 갔다고 하던데
그 자리에 들어선 커피전문점에서 아이는 커피를 마시며
짜장면 맛과 사람 맛이 지금은 그때와 다르다고 말하였다

은평구립도서관

은평구립도서관에도 새들이 찾아온다
침묵을 배우지 못한 새들은 고요에 익숙해져야 한다

백설 공주 같은 아가씨는
검정 볼펜으로 빨간 표지의 노트에 문장을 완성하고 있다
스무 살의 문장은 첨삭도 없이 강물인 듯 유려하고
돌고래가 헤엄치듯 페이지를 넘고 또 넘는다
혹시 소설을 쓰고 계시나요?
묻지 못하였다

이곳 책들은 성벽 벽돌처럼 단정하다
이곳을 찾는 새들은 환경학뿐 아니라
시학 철학 역사 기후학을 연구하기도 하는데
책의 계곡을 지나는 몇몇은 책을 하나씩 뽑아 살핀다
그리고 대출하거나 책상에 앉아 맛을 본다

간간한 책의 맛
중독되기 쉬운 맛이다

유리 피라미드 통로를 나오면
다섯 개의 원통 회색 기둥이 하늘을 받치고 있다
이들은 담쟁이넝쿨의 지혜를 빌려 계절을 해석할 수 있는데
오월이면 푸른 제복을 입은 거인 근위병 같다

산기슭에 정좌한, 스물여섯 개의 중세 성곽 망루 같은 도서관은 저물녘이면 서산 노을에 붉어질 것이다 베토벤의 운명 교향곡이 금방이라도 품어져 나올 것 같은, 거대 스피커 세트 같기도 한 콘크리트 회색 은평구립도서관에서

그는 랭보의 시학을 밀치고
그만의 문체로 시를 쓴다

5부

바다는 강물을 찾아
육지에 오르지 않는다

황혼

허물어지는
집에 사는 새가 있다

한때는
융성한 집

바람이 불어도
흔들리지 않는 잎새

한두 친구, 한두 잔

아직은
행복한 집에 사는 새다

꽃샘추위

아무리 애써서

오늘이다, 하고

꽃을 피우더라도

오늘이 아닐 때가 있다

입술 앙다물고 견뎌야 할 때가 있다

한라산

　　　　　한라산
　　　　　　에
　　　　　　올
　　　　　　라
　　　　　　서
너의 마음같이 무궁히 넓은 것을 나는 보았네

　　태　　　　　　평　　　　　　양

구멍

구멍은 통로다
구멍은 뚫려있다
구멍은 열려있다

구멍 이쪽의 얼굴과
구멍 저쪽의 얼굴이
서로를 보고 웃는다

하늘로 오르지 못하는 것은 중력 때문이다

중력은
고집이며 어떤 신념이다

구멍은 시원하다
무엇이 들어와도 흐른다
통한다

서로 통한다는 것은

서로 구멍이 있다는 것이다

구멍이 발개진다

나의 뿌리

오장육부를 감지하는 나는 아픈 사람
토해 내고 뱉어 내도 드러눕는 나는 비애다 그러나

세상은 나를 아랑곳하지 않고 생활은 바쁘다
목숨의 남은 시간은 오대양 육대주 갈 길이 먼데

웬 놈의 까마귀 한 마리 난데없이 짖어댄다
분리를 모르는 우리 동네 재활용 수거차는 죄가 없다

먼지를 털면 나의 죄 죄가 없는 것은 아니다
거울을 닦으면 나의 부끄럼 부끄럽지 않은 것이 없다

나의 뿌리는 거대한 인간의 원죄

사람꽃

꽃 핀 동안은 순간이다

잠깐 사이로 아뜩한
꽃 지는 건 더 순간이다

춤을 멈춰라 아이야
두려워 마라 아이야

인생은 한 컷
짧은 동영상이 아니다

꽃이 지는 건
열매 속으로 꽃이 들어가
내일을 꿈꾸는 방 하나 만드는 것이다

저 사람꽃 피기까지 날씨는
어쩌다 설운 옷으로 갈아입어

아이야
저 꽃 졌다고 사람꽃 아니랴

저 꽃 피지 않았다고 저 꽃,
사람꽃 아니랴

바이러스

우주 시계는 뚝딱뚝딱, 늦음도 죽음도 빠름도 없이 모든 현상과 사태에 아랑곳하지 않고 새끼 꼬듯 그들을 사슬로 엮어 돌아가는 하나의 시스템인데

그 시계 초침에 목이 걸린 우리는 죽음이 없는 듯 살아, 우리는, 우주 시계를 찬 듯 살아, 우리는, 후회하는 영장류로도 명명되었고 우리는

지구 행성에서 최강 최악의 바이러스로 어느 미래에 기록되었지만, 화성 영장류의 절멸 혹은 탈출에 대한 기록은 지금까지 이곳 행성에서는 어디에서도 발견되지 않았다

태양의 그림자

소유권을 따지자면
모든 그림자는 태양의 소유입니다
달리 말하자면 태양의 자식이라고 하죠
자식의 주인은 본인이므로 자식에게는
소유권이 미치지 않습니다만

그림자는 반대가 습성입니다 순응하는 법이 없죠
태양이 하늘에 들어오거나 하늘에서
나갈 무렵이면 반대가 길어집니다
하늘이 집일까요 학교입니까 키 큰 애들의 반대가 유독
큽니다
키가 커지는 것은 사랑의 보답일까요 건방진 겁니까
만나려니 쑥스럽고 헤어지려니 서러워 투정일까요

태양이 머리 위에서 지켜보면 그림자는
바짝 엎드립니다 긴장한 걸까요
키가 크는 동안 당신의 사랑이 고마워
겸손일까요

존경입니까
겸손과 존경은 비굴을 가르치지 않습니다만

빈틈이 보이면 태양은 날카롭게 파고듭니다
그림자는 순순히 수긍합니다 합리적인가요

태양이 하늘을 나가면 그림자 세상입니다 어둠과 어울려
그림자는 개구쟁이 악동입니까

태양은
어머니일까요
선생님인가요
아버지입니까

그림자는 설마
저인가요
저는 누구입니까
제가 당신인가요

그림책

발바닥을 보았다
발바닥에 붙은 다섯 발가락을 보았다
연일 열대야 일수는 경신되었고
기압골의 드센 고집에 진저리나는 이른 저녁이었다

사내 둘이 사설 응급차량의 뒷문을 열고
천으로 뭔가를 묶고 있었는데
둘둘 감긴 겨울 이불 밑으로 나온
흙 묻은 발바닥만 나는 보았다
발바닥에 붙은 다섯 발가락만 나는 보았다

산부인과 병원 뒷골목이었다

가로등은 당신의
일생의 어느 날들은 수고하셨겠다면서
시시포스의 형벌 같은 그날은 끝났겠다면서
차가 떠난 골목에 희미한 등불을 켜고 발을 애도하였다

병원 앞에선
배를 받쳐 안고 산모가 내리고 있었다

나는 방금
그림책 책장을 넘긴 것 같았다

아이는 곧
첫울음을 꽃처럼 터뜨릴 것이다 때맞춰
가로등은 축포를 터트릴 것이다

아이는
발바닥과 다섯 발가락에 잉크를 바르고
허공에 첫발을 내디딜 것이다

골목에서 거리로
거리에서 골목으로
사람들이 스쳐 지나고 있다

목구멍이 악마다

이구아수 폭포를 누가
악마의 목구멍이라 했을까

폭포 옆에서 나는
죽은 대왕 가리비처럼 입 딱 벌린 채
눈 깜박임도 숨 쉼도 한동안 멈춰버렸다

이 무서운 애칭은 아마도
아주 오래전 이곳을 지나던 원주민 시인이 처음
외마디처럼 부른 이후 나에게까지 전해져 왔을 수도 있
겠다마는

폭포 옆에 서서
세상 모든 사람, 아니,
이미 죽은 모든 사람과 죽어갈 모든 사람의
절망과
비명이 한꺼번에
하염없이 쏟아지는 듯한 이 원시의

이구아수 폭포 옆에 서서

으악,
악마의 목구멍을 바라보면서

어쩌면,

목구멍이 악마다
사람의 목구멍이 끔찍한 악마다

굿바이 고래

해가 동쪽 바다를 뚫고 있었다
피로 덧칠한 바다는 넓고 붉고 길었다

그의 칼은 날카로웠다
살풀이 춤사위 느리고 빠른 붓놀림 모양으로
살과 뼈를 풀어내는 팔뚝의 강약으로 그는
고행하는 수도사의 무표정을 가졌다

그제 아침까지도 밍크고래는 바다의 산과
바다의 계곡과 바다의 하늘에서 평화였으나
어제는 후포항 차가운 위판장 시멘트 바닥에 눕혀져,
불행은 예고하지 않고 찾아오는 자객일까

불행과 행운은 사랑과 증오처럼 같은 행성에서 오는 것

무표정한 그는 경외가 가득한 구경꾼을 외면하지 않았다
도마에 뭉텅뭉텅 온기를 차마 버리지 못한 살들이 올려
졌고

서너 명이 쭈뼛쭈뼛 다가와 입에 넣고는, 나는
황홀경에 빠져들었다 오랫동안 그리고
합장하고 고개 숙여 심심한 애도를 표했고,

오늘 나는 북한산 둘레길을 혼자 걸으며 생각한다
하늘을 먹어 본 사람을 아직 만나지 못했으므로
독재자처럼 하늘의 맛을 하나의 문장으로 독단할 수 없다

하늘에 한 마리 고래 헤엄쳐 가고 있다

굿바이 고래

헛소리

무의식이 행동으로
행동이 의식으로 올 때까지
무의식은 의식의 그림자 같은 형태도 갖지 못한다

이해받지 못한 일이 이해받을 때까지
우리의 치사하고 어처구니없는 불화는 반복되었다
죽을 것처럼, 그래야만 살 수 있을 것처럼

그때 이해할 수 없었던 일도 지금은 이해될 수 있다
는 명제 전부를 수긍하긴 어려웠지만
그날 병실에서 해체돼 가는 늙은 아버지는 이해되었고
나는 울었다

왜 둘을 동시에 사랑하면 안 되냐는 의문에 불탄 적 있었다
내가 태어나기 전의 일이었지만
이 같은 형태로 인한 불화는 세상에서 반복되었다
해가 저물고 달이 저물고 눈이 내리고 비가 내려도

최초 술을 만든 자, 자정을 또 넘긴 자, 내가 오늘 만난 자는
한꺼번에 화살을 맞았다 이런 국지적인 불화는 그런대로 풀리는 매듭이었다

술은 무의식과 행동 사이에 있다는 주장과
아니다, 의식과 행동 사이에 있다는 주장은 물과 기름처럼 빙빙 돌았지만
커피에 스미는 우유처럼 우유에 스며드는 커피처럼 우리는 섞였다

행동은 용감한 무의식의 번개 같은 응대라는 주장은 빛나는 소수의견
―저는 영웅이 아닙니다
다수의견은 의식 뒤를 졸졸거리는 하수인, 계산기를 두드리면서
―너무 심한 말인가요? 정의로움도 있으니까요, 화성 철학과 금성의 철학이 다를 수 있다는 건 인정할게요

내가 왜 그랬는지 모르겠다는 말은
악몽을 바라보며 수없이 머리를 쥐어뜯는 일이다

비가 내린다
헛소리인 듯 아닌 듯

바다는 강물을 찾아 육지에 오르지 않는다

구월에는 오려나

구월을 인내하고
아, 시월에는 오려나

먹지 못하는 제사상의
거짓된 효도로 오려나

자유인 지식인 화사한
서울역 손님으로 오려나

늙은 옛 애인의
아이로 오려나

무더위에 지쳐
찬바람으로 오려나

무릎을 꿇고

진실한 역사로 오려나

아, 십이월에는 오려나

장구를 치고 상모를 돌리고
화동을 앞세워 오려나

장구(長久)한 너의 기다림
어쩌지 않고 기다리는 너의 기다림
사랑이 아니라면 해독이 어려워
이것이 너의 사랑과 온유의 증명인가
결코 야위어 쓰러지지 않은 채

바다는
강물을 찾아 육지에 오르지 않는다

사막

나는 사막을 걷고 있었다

바람이 불어서 맞고 보내주었다

폭우가 내려서 맞고 흘려보내 주었다

달빛도 별빛도

주머니에 가득 넣지 않았다

목이 마르면 안개를 마셨다

새들이 찾아오면

낙타와 블루스를 췄다

외로우면

그림자를 안고 잤다

사막을 다 건너고 보니

나에게 일어난 건

아무것도 없었다

선물 2

눈을 뜨면

혁명이 계속되고 있었다

정보기술 생명공학 인공지능…

천국인지

지옥인지

몇 겹 상자

해설

순수 원형의 마음으로
가닿는 속 깊은 서정
- 김종근의 시세계

유성호
문학평론가,
한양대학교 국어국문학과 교수

1. 오롯한 회감(回感)의 원리와 사랑의 의지

　김종근의 시는 시인 스스로 축적해온 남다른 기억을 재현하고 항구화하려는 유의미한 언어예술로 다가온다. 오랜 기억을 복원하고 그것을 일종의 존재 조건으로 기록함으로써 시인은 삶의 고정된 표지(標識)를 넘어 새로운 질서를 상상적으로 구축해간다. 이처럼 김종근 시인은 서정시의 위의(威儀)를 회복하려는 고전적 열망을 내비치면서 각별한 기억을 통해 심미적 빛을 거두어간다. 그렇게 그의 시는 자신만의 기억을 되살리는 과정에서 속 깊은 고백과 감동을 전해주면서 시인 스스로의 삶을 탐구하고 성찰해가는 고백적 속성을 견지해간다. 따라서 김종근은 기억과 성찰을 통해 삶을 탐구하는 과정을 겪음으로써 고유한 사랑의 시학을 구현해가는 전형적인 서정시인이라고 할 수 있을 것이다.

두루 알다시피 서정시의 근원적 창작 동기는 은은하고도 지속적인 자기 탐색 의지에 놓인다. 이러한 속성을 가득 담은 김종근의 시는 수많은 타자들로 권역을 확장해가면서도 속속들이 스스로의 삶으로 귀환하려는 서정적 일관성을 보여준다. 또한 개인의 경험에 함몰되지 않고 타자들의 삶에도 넓은 관심을 보여준다. 시인은 자신의 지향과 현실 사이에 존재하는 엄연한 간극을 환기하면서도 강렬한 빛으로 그것을 통합해가는 데 매진해가는 것이다. 삶 가운데 어김없이 존재하는 기억에 대해 한없이 열린 자세를 보여주면서 개별성과 보편성을 든든하게 결합시켜간다. 그러한 과정을 통해 그의 첫 발화(發話)는 오롯한 회감(回感)의 원리와 사랑의 의지를 결속함으로써 서정시의 가치를 수일(秀逸)하게 실현해간다. 이제 그 첫 시집의 세계 안으로 한 걸음씩 들어가 보도록 하자.

2. 오랜 시간이 축적되어 피어난 순간성의 미학

우리는 잘 쓰여진 서정시를 통해 현실에서는 불가능한 존재 전환의 순간을 꿈꾼다. 일상적이고 물리적인 시간을 훌쩍 벗어나 전혀 다른 곳으로 상상적 이동을 하려는 것이다. 그때 이루어지는 각별한 시간 경험은 사물에게로 원심적 확장을 했다가 다시 자신에게로 구심적 귀환을 수행하는 과정을 어김없이 밟아간다. 김종근 시인은 서정시의 이러한 속성 곧 타자들로의 확산과 자신으로의 회귀를 동시에 꿈꾸는 속성을 꿈꾼다. 그래서 그에게는 자기 탐구 못지않게 삶이 배경으로 삼는 시간 자체에 대해 노래한 시편이 꽤 많다. 근원적으로 말해 서정시의 본래적 기능은 삶의 유한성과 순간성을 일인칭 발화로써 암시하는 데 있기 때문일 것이다. 그 점에서 시간성을 통한 깨달음의 영역은 매우 중요한 김종근 시의 핵심적 고갱이가 되고도 남음이 있다. 다음 작품을 먼저 읽어보자.

나를 좀 봐주세요
벚꽃이 말했다

와, 예쁘구나
그가 말했다

그 사이,

봄이 지나가고

청춘도 간다

— 「벚꽃」 전문

바람은
꽃잎에 머물지 않는다

꽃잎 사이로 바람은
보리밭을 지나 숲으로

바다로

사라지는 것에
목숨 거는 건 아니다

꽃잎에 머물지 않는 바람처럼

　　　－「꽃잎에 머물지 않는 바람처럼」 전문

　봄날 환하게 피어난 '벚꽃'과의 대화 속에서 시간이 흘러간다. '그'와 '벚꽃'은 각각 시선과 대상의 역할을 나누어 가지면서 서로 예쁘게 봐주고 예쁘게 말한다. 바로 그때 봄이 지나가고 이 순간을 바라보는 시인의 청춘도 사라져간다. 이 시편은 '벚꽃'의 개화라는 찰나의 미학 속에서 계절도 인생도 '순간 속 영원'에 존재하는 것임을 알려준다. 그런가 하면 시인은 '바람'이라는 현상을 통해 꽃잎과의 대화를 시도한다. 시인의 관찰에 의하면 바람은 꽃잎에 머물지 않고 그저 꽃잎 사이로, 보리밭을 지나 숲으로 바다로 사라져갈 뿐이다. 그리고 우리의 삶도 그러하여 그 목적이 "사라지는 것에/목숨 거는"

데 있지 않다. 그렇게 이 시편은 "꽃잎에 머물지 않는 바람처럼" 사라져가지만 스스로를 순간성의 미학에 놓음으로써 영원으로 흘러가는 우리의 삶을 표현한 것이다. 결국 김종근 시인은 '꽃'과 '바람'이라는 자연 현상을 통해 가장 아름다운 순간성의 미학을 노래함으로써, 이 모든 것이 "마음의 감옥에 갇힌 자유를 석방하는"(「속초에서」) 모습을 담은 것임을 선연하게 알려준다. 그럼으로써 자신의 시가 자연을 노래한 빛나는 언어예술임을 스스로 입증한 것이다.

    뜬금없이
    미안하다고 말할 때
    왜냐고 묻지 말자

    그 미안함은

    오랫동안 심장에 묵혀
    저절로 쏟아지는 회한이니

    철 지나 피어

용서를 구하는 꽃이니

그리하여 이제
새롭게 시작하리란 다짐이니

이미
내가 알고 흘린 눈물이니

　　　-「뜬금없이 미안하다고 말할 때」 전문

　이번에 시인은 인간 보편의 내면으로 들어와서, 뜬금없이 미안하다고 말할 때의 순간성을 노래한다. 시인은 누군가 미안하다고 불쑥 말을 내밀 때 그것은 "오랫동안 심장에 묵혀/저절로 쏟아지는 회한"이거나 "철 지나 피어/용서를 구하는 꽃"일 것이라고 한다. 그리고 그것은 회한과 용서를 통과하여 "이제/새롭게 시작하리란 다짐"으로 이어져간다. 따라서 그 안에는 "이미/내가 알고 흘린 눈물"이 홍건하게 들어 있을 것이다. 자연스럽게 그때는 오랜 시간의 축적을 거쳐 피어난 순간성의 미학을 완성한 것이다. 이 모두가 "꽃을 피우게 하는 것은 모두/아름다운 것"(「꽃을 피우게 하는 것은 모두 아름다운 것이다」)임을 알려주는 서정적 사례일 것이다.

  이렇게 김종근의 시는 사물의 시간을 통한 존재론적 깨달음의 요체를 노래하고 있다. 물론 인간의 언어는 사물의 본질을 직접 지칭할 수 없다. 어쩌면 그것은 우리가 본질이라고 부르는 것에 다가가지 못하고 그 주위를 서성이는 안간힘을 보여줄 뿐이다. 그 영속적 미끄러짐과 안간힘이야말로 언어가 가지는 숙명인 셈이다. 김종근의 시는 대상의 외연적 의미를 직접적으로 가리키지 않고 대상의 내포적 의미를 간접적으로 암시함으로써 사물의 본질에 접근하려 하는 속성을 구비한다. 사물에 대한 묘사를 통해 순간에 대한 집중된 기억을 생성해냄으로써, 낱낱의 과거 일에 대한 실제적 재현이 아니라 지금-여기에 있는 현재형에 의해 구성되는 원리를 보여주는 것이다. 이러한 기억의 원리를 따라 김종근 시인은 삶의 가파른 체험과 함께 긍정적인 생성의 원리를 동시에 보여준다. 그렇게 순연한 시간성의 시학은 김종근 시인이 노래하는 선명한 전언(傳言) 가운데 하나가 된다. 오랜 시간이 축적되어 피어난 순간성의 미학이 그때 역동적으로 생성되는 것이다.

3. 긍정의 존재증명으로 환치하는 기억술(記憶術)

 김종근 시인은 오랜 시간 속에 잠겨 있는 자신의 모습을 찾아가는 장면을 한결같이 보여준다. 이는 서정시가 근본적으로 시간에 대한 경험 형식으로 쓰이고 읽히는 언어예술이라는 점에서 매우 자연스러운 일이다. 당연히 그의 시는 이러한 시간 의식을 향하고 있는데, 가장 먼저 눈에 들어오는 것이 그러한 기억을 낳게 해준 수원(水源)들이다. 그것들은 시인에게 때로 흐릿하고 때로 선명하게 다가오고 있다. 시인은 사물을 통해 자신의 마음을 발견하고 다시 그 마음의 힘으로 사물을 바라보는 과정을 통해 이러한 성취를 혼연하게 얻어간다. 그 과정은 세계를 좀 더 넓고 깊게 받아들이려는 의지에 의해 떠받쳐져 있고, 시인 스스로의 삶에 대한 반성적 의식과 절묘하게 균형을 이루어간다. 결국 그의 시는 기억 속에 인화된 사물과 정서에 대해 예민하게 반응하고 그것을 기록해가는 과정에서 쓰여진 시간의 결실인 셈이다. 이러한 원리는 때로 사물이나 현상 자체가 스스로를 드러내는 방식으로 나타나기도 하고, 때로 시인과 대상의 관계가 사랑의 힘으로 나타나는 형식을 취하기도 한다. 그리고 오랜 기억 안에서 사물과 정서가 썩 잘 어울리는 순간을 끌어들이면서 우리 삶에 필연적으로 개입하는 미학성을 차분하게 응시하게끔 해준다. 그러한 언어가 이번 첫 시집에 충분하게 들어 있는 미적 자양분이라고 할 수 있을 것이다.

    한 사람
    일생을 강물에 풀면
    그리움 하나 뜬답니다

    한 사람
    일생을 강물에 풀면
    원망 하나 뜬답니다

    해가 하나인 것과 같이
    그리움도 하나랍니다

    달이 하나인 것과 같이
    원망도 하나랍니다

우리는 누군가에게
원망 대신 그리움으로 떴으면 좋겠습니다
생긋 웃는 그리움으로 떴으면 좋겠습니다

- 「강물에 풀면」 전문

이 작품은 김종근 버전의 인생론이다. 시인은 한 사람의 일생을 강물에 풀면 "그리움 하나"와 "원망 하나"가 물결 위로 번져 나올 것임을 노래한다. 이 은유적 장면은, 해와 달이 하나인 것처럼, '그리움'도 '원망'도 하나일 것임을 예감케 해준다. 이 '그리움'과 '원망'의 동시적 연속성 속에서도 시인은 우리가 "누군가에게/원망 대신 그리움으로" 뜨기를 소망한다. 그 소망의 결과로 떠오르는 "생긋 웃는 그리움"이야말로 삶을 가장 아름답게 은유한 형상일 것이다. 그렇게 김종근 시인은 "환하게/너의 어둠을 지우는"(「이별」) 밝은 빛줄기처럼 "그리움의 하늘에 눈물방울같이 맺힌/별빛"(「첫눈」)을 열망하고, 또 그것을 예술적으로 형상화해간다. 다음은 어떠한가.

나의 담배 피우는 시간은 해방구네
피울 시간보다
피운 시간이 많아 끊어야지 하면서도

나의 술자리는 해방구네
대부분 철없는 희희덕으로

나는
시를 쓰네
몰입하네

시 쓰는 동안
몰입의 오르가즘 속에 나는 갇히네

진정한 해방구는 여기에 있네

— 「해방구」 전문

  강물에 풀린 그리움의 에너지는 바야흐로 '해방구'라는 자유의 공간으로 도약해간다. 이는 일차적으로는

"담배 피우는 시간"이나 "술자리" 같은 일상적 시공간으로 출현하기도 하지만, 급기야 시를 쓰는 몰입의 순간으로 이월하면서 '시인 김종근'의 진정한 해방구로 진입해 간다. 시를 쓰는 동안 자발적으로 갇힌 "몰입의 오르가즘" 속에서 시인은 "진정한 해방구"를 발견한 것이다. 그렇게 김종근 시인의 '해방구'는, "랭보의 시학을 밀치고/ 그만의 문체로 시를"(「은평구립도서관」) 써가는 시간으로 찾아온다. 그야말로 "눈을 뜨면//혁명이 계속"(「선물 2」)되어가는 시간을 껴안고 활자를 적어가는 존재론적 갱신의 순간이 거기에 있지 않을까 우리는 생각해본다. 그 안에는 오랫동안 "흔들리지 않는 침묵"(「혼자」)이 그의 벗으로 존재해갈 것이기 때문이다.

이처럼 김종근 시인은 대상을 향한 각별한 사랑의 마음을 담은 진중한 고백록을 이어간다. 그 점에서 이번 시집은 가득히 밀려오는 사랑의 애잔함을 심미적으로 그려낸 화폭이기도 하다. 그는 시집 전체를 관철하는 힘이자 존재방식으로서 사랑의 마음을 상정하고 그것을 일관되게 미학적으로 완성해낸다. 그만큼 시인은 지나온 시간에 대한 기억의 현상학에 의해 사랑의 마음을 구현하면서 그것을 긍정의 존재증명의 순간으로 환치

하는 기억술(記憶術)을 보여준다. 이는 현실 시간에서 벗어나 '시적 시간'으로 귀환하려는 의지가 반영된 결과이기도 할 것이다. 시인이 여전히 외따로 떨어진 대상과 연관성의 파동을 경험하는 것은 바로 이러한 기억술의 매개 작용 때문이기도 하다. 그렇게 시인은 오랜 시간 속에 깃든 기억을 순간적으로 재현하면서 그 속에서 삶의 깊디깊은 사랑법을 노래하고 있는 것이다.

4. 존재론적 기원으로서의 근원적 장면들

나아가 시인은 자신의 기원을 탐색하고 영혼의 파문을 마련해가는 과정을 보여준다. 특별히 존재론적 기원(origin)을 통해 존재자들의 컨텍스트를 낱낱이 재현해간다. 이 또한 몸에 새겨진 기원에 대한 그리움을 언표해가는 서정시의 순간일 것이다. 시인은 특별히 고향의 기억을 선명하고도 풍부하게 소환하여 일종의 뿌리 찾기를 시도하고 있다. 스스로 태어나고 자란 곳을 궁극적인 신성(神聖)의 거소(居所)로 규정하면서 한결같이 옛 기억을 향해 거슬러 올라가고 있다. 그렇게 시인은 서정시의 고전적 직능이 기억을 통해 이루어진다는 것을 확연하게 증언하면서, 오랫동안 묻어온 기억을 탈환하는 상상력을 가멸차게 보여준다. 말하자면 중요한 삶의 순간들을 찾아내는 기억의 작용을 아름답게 활용하고 있는 것이다. 그 가운데 존재론적 기원으로서의 고향이 버티고 있다.

내 고향을 묻지 마오

살강 밑에
암탉이 알을 품고
저물녘에 냉갈 나는 초가가 나의 집이었소

수박과 청보리가 계절을 이고 지고
풍천장어와 복분자주가 입맛을 돋우는 곳
판소리가 모양성을 휘어 감는 곳

비결서의 전설을
아직도 침묵하는 선운사 도솔암 마애불
동학농민군의 깃발이 휘날리는 무장읍성

건강한 생태계 운곡 습지를 품고 고인돌의 어제와
내일이 있는 곳
바지락 망둥어 소란스러운 구시포와 동호해수욕장
의 석양에 눈이 멀고
황토 들판에 해 뜨고 달 뜨는 곳

사람이 사는 곳
그리하여 사건 사고도 있는 곳

뒷동산에 눈비 내리는
님의 고향과 같은 곳이외다

- 「내 고향은」 전문

  시인의 고향 집은 "살강 밑에/암탉이 알을 품고/저물 녘에 냉갈 나는 초가"라는 기억 속의 장면으로 존재한다. 그 안에는 "수박과 청보리" 그리고 "풍천장어와 복분자주", "판소리가 모양성을 휘어 감는" 순간이 농울치고 있다. 또한 "비결서의 전설"을 지고 있는 "선운사 도솔암 마애불"과 "동학농민군의 깃발이 흩날리는 무장읍성" 등이 '시인 김종근'의 발생론적 거점을 형성하고 있다. 건강한 생태계를 이룬 "운곡 습지"와 "고인돌의 어제와 내일"이 있고, "동호해수욕장의 석양"과 "황토 들판"이 있다. 이 모든 세목이야말로 진짜 "사람이 사는 곳"을 구성해 준 천혜의 덕목들이었을 것이다. 그러니 시인의 고향은 "뒷동산에 눈비 내리는/님의 고향과 같은 곳"일 수 있었을 것이다. 비록 "장구(長久)한 너의 기다림"(「바다는 강물을 찾아 육지에 오르지 않는다」)으로 찾아왔지만 고향은 그렇게 "외로우면//그림자를 안고"(「사막」) 자게끔 하기도 하지 않았는가. "무궁히 넓은 것"(「한라산」)과 "내일을 꿈꾸는 방 하나 만드는 것"(「사람꽃」)의 동시성으로 존재하는 고향 이야기가 애잔하게 펼쳐지는 순간이다. 이 모든 것이 그의 존재론적 기원으로 우뚝하기만 하다.

읍내 남쪽 어귀에 우시장이 있었다
아버지가 데려간 우시장에서 아이의 기억은
오묘한 짜장면 맛과 황소의 젖은 눈망울이었다

흥정 소리로

읍내는 활기차다
팽팽한 흥정 속에서

소를 판 사람은
막걸리를 마시고
돼지고기 뒤 근 사서
흔들흔들 울퉁불퉁 버스를 탔고

팔지 못한 사람은
소 등을 토닥토닥
알 수 없는 근심을 끌며
해 지는 길을 타박타박 걸었다

아이는 이런 우시장 풍경을 기억하지 못하였다

언제나 보리밥과 어쩌다 쌀밥만 먹어본 아이에게 짜장면은
국물도 아닌 것이 국수도 아닌 것이 오묘하여 입맛을 되새기며 잠이 들었다

다음 해 아버지가
소를 파시고 막걸리를 드시고
덜컹대고 흔들대는 버스에서 소매치기당하신 날
아이는 학교에서 가갸거겨를 배웠고
어른들 세상은 어른들 세상
지난 일은 지난 일
그리하여 걱정하지 않았다

듣기로는
우시장도 제값을 받고 팔려 갔다고 하던데
그 자리에 들어선 커피전문점에서 아이는 커피를 마시며
짜장면 맛과 사람 맛이 지금은 그때와 다르다고 말하였다

― 「짜장면」 전문

'소년 김종근'의 기억은 읍내 남쪽 어귀의 우시장을 향한다. "아버지가 데려간 우시장"이었다. 그때의 기억을 장악하고 있는 감각은 "오묘한 짜장면 맛"과 "황소의 젖

은 눈망울"이었다. 이 강렬한 미각과 시각의 흡인력은 "흥정 소리"라는 활기찬 청각과 어울려 그때 그곳의 팽팽한 분위기를 선명하게 드러내준다. 우시장에서 소를 팔았거나 팔지 못했던 이들의 풍경이 사실적으로 나타나고 그네들의 '흔들흔들/울퉁불퉁'과 '토닥토닥/타박타박'이 살갑게 재현되고 있다. 이 점, 매우 아름답고 애틋하기만 하다. 그런데 정작 '아이'는 이 풍경보다는 짜장면 맛으로 우시장의 기억을 가지고 있다. 아이에게 정말 오묘한 맛으로 기억되었기 때문이다. 이듬해 아버지가 소를 파시고는 버스에서 소매치기 당하셨을 때 아이는 "어른들 세상은 어른들 세상/지난 일은 지난 일"이라고 생각하면서 그 시절을 통과해왔다. 우시장도 제값 받고 팔려갔고 그 자리에 커피전문점이 들어선 지금, 시인은 짜장면의 맛도 사람의 맛도 완연하게 달라졌음을 느낀다. 그렇게 그의 내면에 머무르는 고향 풍경은 "출렁이면서/옹이가 박힌 소나무/우리 집 기둥으로"(「출렁임의 노래」) 있다.

　서정시에서 시인이 치러가는 기억에는 시간의 흔적을 들여다보는 행위가 늘 따라다닌다. 이는 시간의 흐름을 따라 스스로를 완성해가는 과정을 담아내기도 하는데,

시인은 그러한 과정을 아름답게 각인해간다. 이때 시간은 누구에게나 똑같이 주어진 객관적인 것이 아니라 삶의 구체성에서 경험된 주관적인 것을 말한다. 그것은 미학적으로 현재화하는 차원을 넘어 서정시를 실존적 성찰의 사건으로 바꾸어간다. 김종근 시인에게 시는 이처럼 언어의 도구적 기능을 넘어, 언어를 통해 실존에 가닿는 유일무이한 미학적 사건이 되어준다. 시인은 그러한 사건을 통해 자신의 존재론적 기원을 아득하게 재생시켜간 것이다. 그 과정에서 숱한 근원적 기억들이 나타났을 터인데, 그때 나타난 정서는 아련한 그리움과 슬픔으로 채색되어 있다. 어떤 시편을 인용해도 좋을 만큼 균질성으로 충일한 그의 시가 보내는 아득한 힘으로 우리는 서정의 원리에 충실한 근원적 기억의 시학을 만나게 된 것이다. 그 언어의 저류(底流)에 존재론적 기원으로서의 근원적 장면들이 충일하게 번져가고 있지 않은가.

5. 더 깊은 미학적 진경(進境)으로 훤칠하게 나아가기를

김종근 첫 시집의 음역(音域)은 사랑과 그리움의 몫에 있다. 그는 사랑과 그리움을 통해 자신이 앞으로 세월을 거듭하면서 심화해갈 미학적 원형들을 보여준다. 물론 그것은 아름다웠던 지난 시간에 대한 낭만적 추억이나 미래에 대한 밝은 희망을 위해서가 아니라, 무심한 시간의 흐름 안에서 소멸해갈 수밖에 없는 인간 보편의 운명에 대한 사랑과 그리움을 증언하기 위한 것이다. 시인은 그만큼 사물의 존재방식을 고쳐보거나 그것을 새로운 차원으로 이끌려는 모험을 감행하지 않는다. 뭇 사물들이 뿜어내는 매혹보다는 그 이면에 숨겨져 있는 또 다른 삶의 형식을 바라보려는 간단치 않은 욕망을 견결하게 가질 뿐이다. 그는 그러한 욕망을 사랑과 그리움의 힘으로 단단하게 담아내고 있다.

서정시는 현실과 꿈 사이에서 착상되고 형상화되고 완성되어간다. 이성의 통제에 의해 파악되는 현실이나 정서에 의해 감싸인 꿈이 한쪽으로 치우칠 때, 그것은 인간의 복합성을 단면적으로 반영한 것일 수밖에 없을 것이다. 그래서 우수한 서정시는 우리의 복합적 현실을 순간적으로 담아내면서도, 그것을 넘어설 수 있는 꿈의 세계를 착실하게 마련하여 현실과 꿈 사이의 풍요로운 접점을 생성해가게 마련이다. 꿈이야말로 우리 삶 곳곳에 배어 있는 폐허의 기운을 치유하고 새로운 상상력을

추구하게 하는 형질이 되어줄 것이기 때문이다.

  지금까지 우리가 읽어온 김종근 시인의 첫 시집은 언어와 기억 그리고 타자 발견의 순간을 통해 이러한 아름다운 시의 꿈으로 달려가는 형상을 취함으로써 서정시의 제일의적 덕목을 충족하고 있다. 그 과정에서 탈환해가는 순수 원형의 마음 그리고 그 마음으로 가닿은 속 깊은 서정이 거기 풍부하게 출렁이고 있다. 이제 우리는, 이처럼 빛나는 미학적 성취를 이루어낸 그의 첫 시집에 경의와 축하의 말씀을 드리면서, 사랑과 그리움으로 담아가는 실존적 긍정의 미학을 보여준 이번 시집을 딛고 넘어 더 깊은 미학적 진경(進境)으로 훤칠하게 나아가기를 소망하게 된다. 그리고 우리는 앞으로도 김종근 시인이 서정의 견고함과 부드러움을 동시적으로 결합하면서 우리에게 아름다운 언어 미학을 오래도록 보여주기를, 마음 깊이 희원해 마지않는다.

기차는 정시에
떠나지 않는다

ⓒ 김종근, 2025

초판 1쇄 발행 2025년 5월 30일
   2쇄 발행 2025년 6월 25일

지은이	김종근
펴낸이	이기봉
편집	좋은땅 편집팀
펴낸곳	도서출판 좋은땅
주소	서울특별시 마포구 양화로12길 26 지월드빌딩 (서교동 395-7)
전화	02)374-8616~7
팩스	02)374-8614
이메일	gworldbook@naver.com
홈페이지	www.g-world.co.kr

ISBN   979-11-388-4328-7 (03810)

- 가격은 뒤표지에 있습니다.
- 이 책은 저작권법에 의하여 보호를 받는 저작물이므로 무단 전재와 복제를 금합니다.
- 파본은 구입하신 서점에서 교환해 드립니다.